बाँह खोलो
उड़ो
मुक्त आकाश में

बाँह खोलो उड़ो मुक्त आकाश में

जय शंकर मिश्र

प्रभात प्रकाशन, दिल्ली™
ISO 9001:2008 प्रकाशक

प्रकाशक • प्रभात प्रकाशन™
४/१९ आसफ अली रोड,
नई दिल्ली-११०००२

संस्करण • प्रथम, २००९
मूल्य • एक सौ पचास रुपए
मुद्रक • नरुला प्रिंटर्स, दिल्ली

BANH KHOLO, UDO MUKTA AAKASH MEIN
poetry by Jai Shankar Mishra Rs. 150.00
Published by Prabhat Prakashan, 4/19 Asaf Ali Road, New Delhi-2
ISBN 978-81-7315-661-8

प्रिय क्यूटू एवं युवराज

के आगमन से

जीवन में नव-अध्याय,

नव-संदेश, नव-गरिमा

की अनुभूति हुई है।

यह संग्रह इन्हें समर्पित।

प्रकृति-वंशी-स्वर-मुखर

श्री जय शंकर मिश्र के रचना-संसार की काव्य-वाटिका का यह चतुर्थ पुष्प है, इससे पहले उनके तीन काव्य-संग्रह क्रमशः 'यह धूप-छाँव, यह आकर्षण', 'हो हिमालय नया, अब हो गंगा नयी' तथा 'चाँद सिरहाने रख' प्रकाशित हो चुके हैं। इस शृंखला में प्रस्तुत काव्य-संग्रह 'बाँह खोलो, उड़ो मुक्त आकाश में' चौथी कड़ी है।

इन चारों संग्रहों के नाम में जो समान सूत्र अंतर्निहित है, वह है प्रकृति। धूप, छाँव, हिमालय, गंगा, चाँद, आकाश—ये सब विराट् प्रकृति के ही अर्थमय संकेत हैं। कवियों हेतु नित्य नूतनांबुदमयी प्रकृति-मंदाकिनी की बहती अमृत-रसधार, इस संग्रह में भी सतत प्रवहमान है—अपने समग्र वैशिष्ट्य एवं स्वर-लास्य के संपूर्ण वैभव-विकास के साथ। यही वरदायिनी प्रकृति कवि को बार-बार नए

गीत रचने की प्रेरणा देती है—

> ''नभ में जब भी विद्युत् कौंधे,
> तन-मन आवेशित हो जाता।
> तुम कौन, कहाँ से, कब आकर,
> एक गीत नया दे जाते हो॥''

प्रकृति केवल प्रेरित ही नहीं करती अपितु मन को उद्वेलित कर गीत- सृजन हेतु विवश सा कर देती है—

> ''सूर्य की रश्मियों ने, छुए क्या अधर।
> तन में सिहरन हुई, मन बहकने लगा॥''

इस संग्रह की कविताओं में प्रकृति अपनी समग्रता में स्पंदित हुई है— जीवन के सारे राग-विराग, हर्ष-शोक, उल्लास-अवसाद को समेटती हुई। समस्त आत्मीय, मानवीय, पारिवारिक तथा सामाजिक रिश्तों-सरोकारों के कूलों को भिगोती हुई जीवन-सरिता की भाँति श्री मिश्र की कविताओं का प्रवाह भी जीवन के सभी पक्षों का स्पर्श करता हुआ चलता है। जीवन के समस्त विद्रूप, ऊहापोह, उलझाव-भटकाव, संशय-प्रेम, सभी पर कवि की पैनी दृष्टि है—

> ''जीवन रेखा,
> सरल रेखा नहीं है,
> पर जीवन
> वृत्त भी नहीं है।
> जीवन हास-परिहास

जन्म-मृत्यु के
कूलों से गुजरती
ऊबड़-खाबड़
धरती को नापती
अपने गंतव्य को
बढ़ती एक सरिता है॥''

प्रकृति के साथ-साथ प्रीति का मनोरम स्वर भी संग्रह की कविताओं में सुमधुर पार्श्व संगीत की भाँति अनवरत गुंजायमान है—

''प्रीति अनुभूति है, प्रीति वरदान है।
प्रीति है साधना, स्नेह-संधान है॥''

❖❖❖

''प्रीति कोयल-पपीहे का संगीत है।
प्रीति अंतस से उमड़ा हुआ गीत है॥''

❖❖❖

''प्रीति कलियों के जीवन का उद्‌देश्य है।
प्रीति राधा के जीवन का संदेश है॥''

❖❖❖

''प्रीति को पंख दो, श्रृंखलाएँ न दो।
प्रीति से सीख लो, कामनाएँ न दो॥''

❖❖❖

इतना ही नहीं, कवि तो हर घड़ी, हर प्रहर प्रकृति के तादात्म्य में प्रीति की सौगात की कामना करता है—

"पंख मोरों के खुलते ही, बरसात हो
नृत्य के ताल पर, वक्त जाए ठहर।
उत्सवी हो दिवस, उत्सवी रात हो
प्रीति सौगात हो, हर घड़ी, हर प्रहर॥"

पर कवि केवल रूमानियत के आकाश में ही विचरण नहीं करता। उसे यथार्थ की धरती का भी सम्यक् बोध है, जहाँ श्रम के बिना कुछ भी साध्य नहीं है। 'श्रम कर, श्रम कर, प्रियवर श्रम कर,' इसी यथार्थ-बोध से उपजी कविता है, जिसकी निम्न पंक्तियाँ दृष्टव्य हैं—

"श्रम साध्य धरा पर जो सबकुछ
श्रम बिना, किमपि भी साध्य नहीं।
श्रम से पुष्पित, वसुधा-कानन
श्रम ही संबल, आराध्य वही॥"

संग्रह की कुछ कविताएँ नितांत वैयक्तिक हैं। ठेठ घर-परिवार की, उन्हीं के लिए; अपनी सहज, पर कवित्वपूर्ण संवेदना के साथ। इन कविताओं में निष्कपट हृदय की सरल अभिव्यक्ति झलकती है—पूरी ईमानदारी के साथ, रागात्मक स्पर्श लिये। परंतु कवि प्रकृति-नाद का अपना मूल-स्वर कभी नहीं छोड़ता। उसके विहंगावलोकन के केंद्र में हमेशा प्रकृति होती है। यहाँ तक कि यात्राओं से जनमी कविताओं में भी—

"चहुँदिश, सुषमा से ओत-प्रोत,
कण-कण, हरियाली की चादर।
तरु-वृंद, लताओं, पुष्पों से,
है भरी हुई, सिक्किम घाटी।

❖❖❖

पर्वत मालाओं से रक्षित।
प्रेरणा द्वीप है यह माटी॥"

❖❖❖

जीवन, परिवेश, समाज तथा विश्व को लेकर कवि स्वप्नदर्शी है। पर वह जीवन की नश्वरता के साथ स्वप्नों के भी नष्ट हो जाने में विश्वास नहीं रखता। वह अपने सपने अत्यंत संकोच के साथ नई पीढ़ी को विरासत में दे जाना चाहता है।

'तुम नया गीत रचना, नए पृष्ठ पर' शीर्षक कविता में यही द्वंद्व सुंदर ढंग से चित्रित है—

"हम किसी दिन, शरद प्रात की वायु सम
है सुनिश्चित, यहाँ से चले जाएँगे।
पूर्ण कर भूमिका, विश्व के मंच पर
साथ अपने, सभी स्वप्न ले जाएँगे।"

❖❖❖

"पूर्ण संज्ञान है कि नियति-भित्ति को
जिंदगी की लहर, भेद सकती नहीं।

औ' जो सपने पले, रात-दिन संग मेरे
चिह्न उनके अमिट, मेट सकती नहीं॥''

❖❖❖

और इसी क्रम में वह अपने अगणित स्वप्नों को समेटे हुए, मुक्त आकाश में नए लक्ष्यों की ओर, नए क्षितिज, नई संभावनाओं और नई रचना की तलाश में, नए सहपथिकों के साथ उड़ चलने का आह्वान अपनी निम्न पंक्तियों में करता है—

''बाँह खोलो उड़ो, मुक्त आकाश में
अब क्षितिज हों नए, अब हो रचना नई।
स्वप्न अगणित हृदय में, समेटे उड़ो
सहपथिक हों नए, मंज़िलें हों नई।''

इस संग्रह की कविताओं की सुरभि सुधी-सहृदय कविता-प्रेमियों के मन-प्राण को आह्लादित करे और इन रचनाओं के साथ-साथ कवि की यश-सुरभि भी मुक्त आकाश में दिग्-दिगंत तक फैले, यही मेरी मंगलकामना है।

अरुण मिश्र

अपनी बात

आधुनिक जीवन की आपा-धापी, राग-द्वेष, स्नेह-प्यार, परिवेश की अनिश्चितताएँ, व्यवस्था का सामान्य-जन की भावनाओं, प्रतिक्रियाओं पर अन्यमनस्क भाव, गुण-दोष के आधार पर मूल्यांकन-संस्कृति का सर्वथा अभाव, मनसा-वाचा-कर्मणा स्वकर्तव्य निर्वहन में रत व्यक्तियों की उपेक्षा, तिरस्कार एवं लाभ-हानि के आधार पर समस्त मानवीय व्यवहार की संचालन- संस्कृति जन-जन में असंतोष, निराशा एवं आक्रोश की भावना उत्पन्न कर रही है। इस परिदृश्य में जीवन के प्रत्येक आयाम के प्रति संवेदनशील रचनाधर्मी कवि-मन इस अव्यवस्था, अत्याचार व शोषण से उद्वेलित तो होता है, परंतु जीवन की इस आपा-धापी में भी प्रकृति के विविध रूप, सरिता, सरोवर, निर्झर, जलनिधि की अपार जलराशि, चंचल लहरें, रजनी में जगमगाते सितारे, वर्षा ऋतु में छाई घटाएँ, रिमझिम बरसात,

इंद्रधनुष की छटाएँ एवं विविध रंगों का अद्‌भुत संयोजन भी कवि-मन को, चेतन को विचित्र प्रकार से आह्लादित करता है, आकर्षित करता है, प्रभावित करता है।

प्रकृति के समस्त क्रियाकलाप मनुष्य को एक दर्शन, संदेश देते प्रतीत होते हैं और अनेक बार ऐसा लगता है कि मानव मन में कौंध रहे अनेक विचार, ऊहापोह, स्नेह, प्यार का प्रतिबिंब प्रकृति के विभिन्न आयामों में परिलक्षित हो रहा है। इन सब में जीवन की सतत प्रवहमान धारा संचालित होती दिखती है। इनके तादात्म्य से उत्पन्न अनुनाद शब्दों में, गीतों में, रचनाओं में परिवर्तित होते हैं और चाहे-अनचाहे कागज के पृष्ठों पर उतर आते हैं।

इसके अतिरिक्त दिन-प्रतिदिन के जीवन-यापन में सामाजिक परिस्थितियाँ, विभिन्न दायित्व, आशाएँ, अपेक्षाएँ, मन के संस्कार, राग-द्वेष, स्नेह-प्यार, आशा-निराशा के विभिन्न सोपानों से गुजरती हुई जीवन-यात्रा के अपने प्रश्न-प्रतिप्रश्न, जीवन के उद्‌देश्यों के प्रति प्रतिबद्धता, राह के रोड़े, परिवेश के उलझाव भी कविमन को, उसके विचार-प्रवाह को अनेक प्रकार से उद्वेलित करते हैं, प्रभावित करते हैं। इन परिस्थितियों में संवेदनशील मन कविता, कहानी, उपन्यास, चित्र, संगीत एवं गायन जैसी कला के विभिन्न स्वरूपों में से मनोनुकूल चयन कर अपनी भावनाओं, प्यार-दुलार और आशा-निराशा की अभिव्यक्ति अपने ढंग से करता है।

वस्तुतः यह सहज प्रवृत्ति है नियंता की सत्ता व अस्तित्व के प्रति पूर्ण रूपेण जाग्रत् मन की, संवेदनशील चेतन की, सहज,

सरल, ग्राह्यशील अवचेतन की।

अपनी अति सीमित काव्य-यात्रा में यह अनुभव हुआ है कि अनेक भावनाएँ, अनुभव, परिस्थितियाँ मन को छूती हैं, प्रभावित करती हैं; हृदय में एक भावना उठती है, तरंगित होती है और कंठ से अधरों तक आते-आते एक नए गीत में रूपांतरित हो जाती है। उससे भी आश्चर्यजनक स्थिति तब होती है जब उस गीत की ध्वनि, प्रतिध्वनि, प्रकृति के विभिन्न क्रिया-कलापों में, इंद्रधनु के विविध रंगों में, आषाढ मास में उमड़ते-घुमड़ते मेघों में, सागर की चंचल लहरों में, शरद् ॠतु के शुभ्र-स्वच्छ नीले आकाश में, पूनम के चाँद में, वसंत ॠतु में पलाश के पुष्पों की लालिमा के उद्दाम उन्माद में, सूर्योदय काल में तन-मन-जीवन में आत्मसात् होती आशा, ऊर्जा व उत्साह की तरंगों में, सूर्यास्त समय सूरज के सौम्य, शांत एवं गरिमामय अवसान में दिखाई पड़ती है, सुनाई पड़ती है।

यह स्थिति रचनाकार को व उसकी कृतियों को विराट् विश्व के बाह्य व अंत:स्वरूप से अद्वितीय रूप से जोड़ती है। रचनाकार की अनुभूतियों, भावनाओं एवं चिंतन तथा प्रकृति के इन आयामों के परस्पर संयोजन से सृजित अनुनाद उसकी कृति को एक नई अर्थ-गरिमा प्रदान करता है।

इसके अतिक्ति जीवन-यात्रा में अनेक सहपथिकों के असहयोग, छल-प्रपंच, राग-द्वेष, मान-अभिमान के पाषाणखंड भी जीवन-सरिता की गति को बाधित करते हैं एवं यदाकदा निराशा, अविश्वास तथा किंकर्तव्यविमूढ़ता की स्थिति भी उत्पन्न करते हैं। परंतु यह भी

अनुभव हुआ है कि इस बाधा से अनेक नई प्रेरणाएँ, नई धाराएँ, नए निर्झर भी प्रस्फुटित होते हैं।

वस्तुतः रचनाकार की अपने चयनित क्षेत्र की कला-यात्रा अपने आप में एक विशिष्ट अनुभूति है, अपनी नितांत एकाकी निजता से अभूतपूर्व मिलन है, स्वयं का स्वयं से साक्षात्कार है तथा अपनी चरम स्थिति में एक नया जन्म है। इस सृजन से न केवल रचना वरन् रचनाकार की भी एक नई उपस्थिति दर्ज होती है।

प्रस्तुत काव्य-संग्रह में मेरी विगत दो वर्षों की अवधि में सृजित रचनाएँ सम्मिलित की गई हैं। अधिकांश रचनाएँ खादी ग्रामोद्योग आयोग में कार्यभार ग्रहण करने के उपरांत की हैं। अवध की चिरपरिचित संस्कृति, परिवेश, सगे-संबंधियों से दीर्घ काल के सघन-गहन तादात्म्य के उपरांत, पूर्णतः एक नए तंत्र, नई व्यवस्था, नए परिवेश व मुंबई जैसे महानगर की अहर्निश प्रवहमान जीवन-संस्कृति से जुड़ने का अनुभव, अत्यंत सीमित संसाधनों के साथ झंझावात में तैरकर महासागर पार करने के संकल्प जैसा रहा है। लखनऊ की तहजीब, संस्कृति, सम्मान, मित्रों, परिवार व अपनों का स्नेह-प्यार, राग-अनुराग सचमुच चेतन-अवचेतन पर इस अवधि में भी अत्यधिक प्रभावी रहा है।

इस महानगर की ऊर्जा, गतिशील जीवन, सागर की अपार जलराशि, उद्दाम तरंगें, जीवन जीने, अपना अभीष्ट प्राप्त करने व उन्नयन के नए शिखर छूने की स्थापित संस्कृति, संसाधनों के अभाव के बावजूद चाँद-तारे अपनी मुट्ठी में भरने, स्वप्नों के अवलंबन व

निजी प्रयास से एक नया संसार रचने के असंख्य आख्यान अपनी गोद में लिये यह महानगर मुझे सदैव आकर्षित करता रहा है।

यह सच है कि खादी ग्रामोद्योग आयोग परिवार के सदस्यों के अपार, सहज स्नेह, कतिपय शुभचिंतकों, प्रियजनों के अगाध विश्वास, सहयोग तथा स्नेह-प्यार की पतवार के सहारे ही मैं इस काव्य-यात्रा की छत्तीस रचनाओं के दूसरे कूल तक पहुँच सका हूँ।

जीवन-यात्रा के कारवाँ में सम्मिलित इस वृहद् परिवार के अनेक जन इन रचनाओं में अंतर्निहित राग-अनुराग, प्रणय-प्यार, निश्चय-विनिश्चय ऊहापोह एवं कुंठा-आह्लाद में मेरे सहयोगी रहे हैं, प्रेरक रहे हैं, सहायक रहे हैं। कुछ ऐसे भी सहपथिक इस कारवाँ में साथ-साथ रहे हैं, जिनकी प्रत्यक्ष-अप्रत्यक्ष भूमिका जीवन को गतिमान, प्रवहमान तथा ऊर्ध्वगामी बनाने में अत्यधिक महत्त्वपूर्ण रही है। मैं उनके स्नेह-सहयोग को प्रणाम करते हुए अंतर्मन से कृतज्ञता ज्ञापित करता हूँ।

मेरे परिवार में प्रिय पुत्र अभिषेक, दिव्य, पुत्री प्रशस्ति, पत्नी शारदाजी, प्रिय स्वाति, उदयन के अपरिमित सहयोग एवं सुझावों के प्रत्यक्ष योगदान के अतिरिक्त नवागंतुक प्रिय अक्षर (क्यूटूजी) तथा प्रिय युवराज के आगमन से जीवन में एक नया अध्याय, एक नई गरिमा, नए संकेत तथा नए संदेश की अनुभूति हुई है। जीवन-सरिता के इस चरण में इन अबोध नायकों का स्वागत है, अभिनंदन है। इस काव्य-संग्रह में चयनित कतिपय रचनाएँ इस नई अनुभूति से भी जनमी हैं।

इन रचनाओं के प्रथम टंकण, संशोधन से काव्य-संग्रह के प्रकाशन हेतु प्रेषित किए जाने तक की यात्रा में जॉइस रोजारियो द्वारा पूर्ण निष्ठा, सौम्यता, धैर्य व परिश्रम के साथ किए गए टंकण, संशोधन व प्रस्तुतीकरण हेतु आभार ज्ञापित करता हूँ।

जय शंकर मिश्र

२, अभिषेक
अंधेरी पश्चिम, मुंबई

अनुक्रम

१

जीवन एक सरिता है

बढ़ें या ठहर जाएँ
करें या मुकर जाएँ
प्रयाण या प्रतीक्षा
करें या न करें
फिर क्या करें ?
जीवन की डोर
कहाँ-कहाँ उलझी
किन-किन भावों में
किन-किन संबंधों में ?

जीवन रेखा
सरल रेखा नहीं है,
पर जीवन
वृत्त भी नहीं है
जीवन हास-परिहास
उत्थान-पतन,
जन्म-मृत्यु के
कूलों से गुजरती
ऊबड़-खाबड़
धरती को नापती
अपने गंतव्य को
बढ़ती एक सरिता है।

२

कहाँ जा रहे हैं, किधर जा रहे हैं

मन में अनगिनत कल्पनाएँ
प्रतिक्षण, कोटिशः कामनाएँ
नभ में उड़ते विहग-वृंद
परिवेश का अवलोकन-चिंतन।

धरा-प्रकृति रवि-शशि
कण-कण में गीत भरा
अद्भुत संगीत भरा

मन में कैसी, यह नव उमंग
तन-मन में भरती नव-तरंग।

जीवन की फिर
वही चाल-ढाल,
भागता पल, ठहरा कल
काम-क्रोध-मद-लोभ का
मन में, जीवन में
इतना सशक्त ज्वार,
उठता क्यों बार-बार?

मन में असंख्य द्वंद्व
प्रतिपल, ज्ञात-अज्ञात
अनंत कामनाओं की छाया
चहुँदिश, चहुँ ओर व्याप्त
प्रात-साँझ, दिवस-रात।

क्या लक्ष्य, क्या ध्येय
कितना ऊहापोह!
जीवन के असंख्य आयाम

प्रतिपल की, हार-जीत
मान-सम्मान, गर्व-अभिमान।

मानव-मन चाहे-अनचाहे
राग-अनुराग से दूर
विष से भरपूर
जैसे तक्षक की संतान।

अपने उद्यम में मस्त
दृष्टिगत पात्र-सुपात्र को,
लघुतर कर, अपमानित
करने में उद्यत व्यस्त,
पूर्णरूपेण अभ्यस्त।

भीड़ भरे राजपथ
निशि-वासर गतिशील।
सबके-सब यंत्रवत्
संचालित, तत्पर
स्वपथ पर अग्रसर!

सब यत्नशील, गतिशील
निरीह, बेवस, असहाय को
छल–बल से
कपट–कौशल से
विजित करने को उद्यत।

क्या श्रमिक, क्या लिपिक
झोंपड़पट्टी से महलों तक
फुटपाथ से, अट्टालिकाओं तक
सब एक रव में
एक ही धुन में।

दिशाहीन, अंतहीन मरीचिका में
पीढ़ी–दर–पीढ़ी को
उलझाए, सर्वथा बेखबर
चले जा रहे हैं, बढ़े जा रहे हैं
कहाँ जा रहे हैं, किधर जा रहे हैं ?

३

तुम कहाँ हो

कितनी आशाएँ
अगाध विश्वास
कोटिशः स्वप्न
योजनाएँ, परिकल्पनाएँ
सबके आयाम
दिगदिगंत तक
धरा से अनंत तक।

अपार उत्साह
अप्रतिम ऊर्जा
त्याग-बलिदान
पग-पग गतिशील
पल-पल सहेज
साथ-साथ चलने का
कल्प-विकल्प-संकल्प।

देवत्व का दर्शन
जागृति का आह्वान
असीम वेदना लिये
असह्य एकाकीपन
सहेज-सँवार
झंझावात को नकार।

एक सशक्त प्रभात
जन-जन के जीवन में
हर घर-आँगन में
उतारने हेतु उद्यत
सिमटी बाँहें खोल
उड़ान हेतु तत्पर

अपनी असीम ऊर्जा
अनगिनत स्वप्न सहेज
तुम कहाँ हो,
तुम कहाँ हो ?

४

श्रम कर, श्रम कर, प्रियवर श्रम कर !

मन में व्रत ठाना चलने का,
यदि नई राह पर बीच डगर।
तन-मन को उद्यत कर निशि-दिन,
प्रतिपल प्रबुद्ध हो, श्रम भी कर॥ १॥

श्रम साध्य धरा पर जो सबकुछ,
श्रम बिना किमपि भी साध्य नहीं।
श्रम से पुष्पित वसुधा-कानन,
श्रम ही संबल आराध्य वही॥ २॥

श्रम के परिणामी सिंधु-सेतु,
श्रम से ही संभव विश्व-नवल।
एवरेस्ट-विजय सागर-मंथन,
सबकुछ श्रम का ही है प्रतिफल॥ ३॥

तुम शक्तिपुंज, तुम दिव्य-अंश,
अब उठो, स्वप्न मुट्ठी में भर।
प्रतिपल-प्रतिक्षण, निशि-दिन, प्रियवर,
श्रम कर, श्रम कर, श्रम कर श्रम कर॥ ४॥

५

प्रतिपल परिवर्तन पलता है

प्रतिपल परिवर्तन पलता है,
प्रतिपल परवर्तित होता है।
हर साँझ निराली होती है,
हर प्रात नया दिन होता है॥ १॥

कल जहाँ दिवस अवसान हुआ,
प्रारंभ आज उस ठौर नहीं।
सूर्यास्त काल की वेला सम,
सूर्योदय का यह दौर नहीं॥ २॥

जब धरा शांत निशि में सोती,
तरु पुष्प लताएँ अलसातीं।
थलचर, नभचर निद्रा-निमग्न,
नभ के दृग से झरते मोती॥ ३॥

मानव चलता ही रहता है,
झरने कल-कल झरते रहते।
निशि की नीरवता से जाने,
क्या-क्या कहते, क्या-क्या सुनते॥ ४॥

हिम की गोदी से हो निःसृत,
धरती, कानन, घाटी, चल-चल।
प्रतिपल प्रतिक्षण सरिताएँ भी,
देती रहतीं संदेश नवल॥ ५॥

दिखती हर साँझ, प्रात कल सी,
हम आज जहाँ, कल वहाँ नहीं।
मानव जीवन सरिता धर्मी,
नित नए स्वप्न वह गढ़ता है॥ ६॥

प्रतिक्षण अपना संगीत लिये,
हर प्रात छेड़ती राग नए।
हर निशि का अपना सपना है,
प्रति प्रात नया दिन होता है॥ ७॥

६

जब ज्वार उठा सागर तल में

अति शांत-सहज जलनिधि में भी,
कितना मंथन, कितना नर्तन?
युग-युग से संचित ऊर्जा का,
यह रूपांतर, यह परिवर्तन॥ १॥

जब ज्वार उठा सागर तल में,
रग-रग में ऊर्जा का प्रवाह।
अनगिनत ऊर्मियाँ बढ़ निकलीं,
उर लिये कूल की तीव्र चाह॥ २॥

यह कौन पथिक सागर तट पर
अतिश्रांत-क्लांत विश्रांत मौन।
जग की हलचल से अलग-थलग,
अनवरत ऊर्मियों में निमग्न॥ ३॥

बस एक चाह, लहरें ठहरें,
रुककर समझें मन की आशा।
तट पर भी चाहत-स्पंदन,
छूने पाने की अभिलाषा॥ ४॥

७

अंतस में क्या-क्या घटता है

निशि-दिन की तड़प-कसक कैसी,
क्यों झंझावात उमड़ता है?
जीवन इतना एकाकी क्यों,
अंतस में क्या-क्या घटता है॥ १॥

जीवन में प्रीति तरंगें जब
तन-मन भीगा कर जाती हैं।
जब प्रणय-प्रीति अनुनादित हो,
अद्‌भुत तादात्म्य बनाती हैं॥ २॥

जब गीत फूटते अधरों से,
जब प्रीति उतरती जीवन में।
जब प्रकृति-वधू कर नव शृंगार,
सम्मोहन भरती तन-मन में॥ ३॥

रजनीगंधा की मादकता,
जब पोर-पोर में छा जाती।
जब हरसिंगार की डाली झर,
उपवन में पुष्प बिछा जाती॥ ४॥

अनुभूति प्रीति की सघन गहन,
निशि-दिन तन-मन झंझावाती।
क्यों टीस उभरती अंतस में,
कोयल जब भी स्वर में गाती॥ ५॥

है ज्ञात अकेली यह यात्रा,
फिर भी नित प्रश्न उभरता है।
जीवन इतना एकाकी क्यों?
अंतस में क्या-क्या घटता है॥ ६॥

८

आज फिर गीत अधरों पर आने लगे

आज फिर गीत अधरों पर आने लगे,
हम प्रणय गीत फिर गुनगुनाने लगे।
जाने क्या घट गया दृष्टि-ही-दृष्टि में,
हम स्वयं को पुनः साथ पाने लगे॥ १॥

इन दिनों जिंदगी धूप-ही-धूप थी,
दृष्टि में दूर तक एक सूना क्षितिज।
मन के उपवन में आह्लाद का आगमन,
कोटिशः इंद्रधनु फिर लुभाने लगे॥ २॥

धूप में, ताप में, तीव्र तूफान में,
सारे विस्मृत दिवास्वप्न भाने लगे।
गीत जितने रचे स्वप्न-तंद्रा में सब,
चाहे-अनचाहे अधरों पर आने लगे॥ ३ ॥

जिंदगी की डगर, मोड़-ही-मोड़ थे,
पाँव में ले भँवर नित्य चलते रहे।
कुछ ठिठक, कुछ झिझक, बात-ही-बात में
प्रीतिमय गीत फिर, गुनगुनाने लगे॥ ४ ॥

१

प्रीति सौगात हो, हर घड़ी-हर प्रहर

रात-दिन की कसक, हर घड़ी, हर कदम,
दौड़-ही-दौड़ है, वक्त कितना है कम।
जिंदगी एक कशिश, धूप भी छाँव भी,
अंक में भर लें अब चाँद-तारों को हम॥ १॥

वक्त की सलवटें, दौर की करवटें,
उलझी-उलझी हुई लगती निस्सार हैं।
कितना अभिराम, लगता है नीला गगन,
क्या क्षितिज पार भी कोई संसार है॥ २॥

मन कहे जा बसें ऐसे निर्जन में हम,
दिन हो ठहरा जहाँ, ठहरी सी रात हो।
कूक कोयल की, निर्झर का संगीत हो,
चाँद-तारों से भी प्रीति की बात हो॥ ३॥

जब भी कलियाँ चटक पुष्प बनने लगें,
गीत जनमें नए, मन बहकने लगे।
घन-घटा जब उमड़, नभ में छाने लगें,
पग धरा पर न हों तन थिरकने लगें॥ ४॥

पंख मोरों के खुलते ही बरसात हो।
नृत्य के ताल पर वक्त जाए ठहर।
उत्सवी हो दिवस, उत्सवी रात हो,
प्रीति सौगात हो, हर घड़ी, हर प्रहर॥ ५॥

१०

प्रीति को पंख दो, शृंखलाएँ न दो

प्रीति अनुभूति है, प्रीति वरदान है,
प्रीति है साधना, स्नेह-संधान है,
प्रीतिमय इंद्रधनु की निराली छटा,
प्रीति-संवाहिनी, साँवली घनघटा,
प्रीति कोयल-पपीहे का संगीत है,
प्रीति अंतस से उमड़ा हुआ गीत है,
प्रीति को पंख दो, शृंखलाएँ न दो,
प्रीति से सीख लो, कामनाएँ न दो॥ १॥

प्रीति कलियों के जीवन का उद्देश्य है,
प्रीति राधा के जीवन का संदेश है,
प्रीति कान्हा की लीला का उपदेश है,
प्रीति मीरा के गीतों का अनुवाद है,
प्रीति अनुगूँज है, मौन संवाद है,
प्रीति दो मन के भावों का अनुनाद है,
प्रीति को पंख दो, शृंखलाएँ न दो।
प्रीति से सीख लो, कामनाएँ न दो॥ २॥

राग-अनुराग के, स्वत्व-बंधन सभी,
कर निवारण उठो, प्रीतिमय हो धरा,
क्या असंभव है, जीवन के हर रंग में,
प्रीति का राग हो, प्रीति की बात हो,
प्रीतिमय प्रात हो, प्रीतिमय साँझ हो,
प्रीतिमय हो दिवस, प्रीतिमय रात हो,
प्रीति को पंख दो, शृंखलाएँ न दो,
प्रीति से सीख लो, कामनाएँ न दो॥ ३॥

प्रीति पूजा बने, प्रीति ही व्रत-नियम,
प्रीति ही सृष्टि का, मात्र आधार हो,
विश्व-उपवन सुवासित रहे प्रीति से,

प्रीति की गूँज से, व्याप्त संसार हो,
प्रीति स्वातंत्र्य है, प्रीति-बंधन नहीं,
प्रीति नव-जन्म है, तीव्र अनुभूति है,
प्रीति को पंख दो, शृंखलाएँ न दो,
प्रीति से सीख लो, कामनाएँ न दो॥ ४॥

११

सूर्य की रश्मियों ने छुए क्या अधर

आज फिर इन हवाओं में संगीत है,
आज फिर पुष्प-कलियाँ चटकने लगीं।
सूर्य की रश्मियों ने छुए क्या अधर,
तन में सिहरन हुई मन बहकने लगा॥ १ ॥

निशि के आँचल में सपने सँजोए हुए,
एक ही थी लगन, बस यही कामना।
जब भी अवसान रजनी का हो भोर में,
बस तुहिन कण के मोती से हो सामना॥ २ ॥

कितना स्नेहिल, सुखद, स्निग्ध स्पर्श है,
कितनी शीतल, तुहिन मौक्तिकों की छुवन।
सारे उपवन की सुषमा निराली लगे,
कैसा आश्वस्त तन, कितना विश्वस्त मन॥ ३ ॥

सूर्य की रश्मियों ने छुए जब अधर,
जाने क्या हो गया स्वप्न तंद्रा मिटी।
पुष्प-ही-पुष्प उपवन गमकने लगा,
कोटिशः घंटियाँ संग-संग बज उठीं॥ ४॥

१२

कंचनजंघा शरमाती है

नभ पर आच्छादित श्वेत श्याम,
नीले मेघों की बदली है।
रवि किरनों औ' पर्जन्य बीच,
कैसी यह आँख-मिचौली है॥ १॥

कंचनजंघा माथा चूमे,
अभिलाषा रवि किरनों की है।
हो निष्फल किरनों का उद्यम,
नियमित प्रयास मेघों का है॥ २॥

यह प्रकृति नटी की लुका-छिपी,
मानव मन को भरमाती है।
मेघों के घूँघट में सिमटी,
कंचनजंघा शरमाती है॥ ३॥

१३

प्रेरणा द्वीप है यह माटी

उत्तुंग शिखर यह नील गगन,
नभ में मेघों के विविध रंग।
अति धवल स्निग्ध कंचनजंघा,
रवि किरनों की यह स्वर्ण प्रभा॥ १॥

चहुँदिश सुषमा से ओत-प्रोत,
कण-कण हरियाली की चादर।
तरु-वृंद, लताओं, पुष्पों से,
है भरी हई सिक्किम घाटी॥ २॥

युग-युग से अपनी सहज शांत,
सांस्कृतिक धरोहर को सहेज।
पर्वत मालाओं से रक्षित,
प्रेरणा द्वीप है यह माटी॥ ३॥

१४

बाँह खोलो, उड़ो मुक्त आकाश में

कितनी उलझन हृदय में समाई हुई,
अनगिनत प्रश्न मन में उभरने लगे।
बात जाने की जब से सुनिश्चित हुई,
उर की धड़कन बढ़ी, अश्रु झरने लगे॥ १॥

अनवरत रात-दिन, नित्य कहते रहे,
अब उठो, बढ़ चलो, चूम लो ये गगन।
आज जाने की जब, आ गई है घड़ी,
तप्त-संतप्त मन, जल रहा क्यों बदन॥ २॥

यह धरा, यह गगन, सारा परिवेश जब,
कह रहा बढ़ चलो, अब नई राह पर।
ऐसे मौसम में जब, सिंधु की उर्मियाँ,
कह रहीं पास आओ, रचो कुछ नया॥ ३॥

इस तरह श्रांत रहना है कोई नियति,
अनवरत रात-दिन चलना ही जिंदगी।
कह रही चोटियाँ, चूम लो ये शिखर,
सिंधु-लहरों का आह्वान भी है यही॥ ४॥

बाँह खोलो, उड़ो मुक्त आकाश में,
अब क्षितिज हों नए, अब हो रचना नई।
स्वप्न अगणित हृदय में समेटे उड़ो,
सहपथिक हों नए, मंजिलें हों नई॥ ५॥

१५

सेतु टूट जाता है

हम प्रतिदिन बुनते हैं
स्मृतियों, राग, अनुराग का
ममता, आशा, स्वप्नों का
प्यार–दुलार का
एक दिवसीय संसार।

यह क्रम हमारे मन को
उल्लासमय जीवन को
एक शृंखला, एक प्रवाह सा

आज और कल के कूलों से
सेतु सदृश जोड़ देता है।

हर प्रातः यह प्रवाह
चित्रपट के संचालन सम
प्रतिक्षण, प्रतिपल
नए चित्र सँजोए
शुभरात्रि तक रहता है गतिमान।

पुनः टूट जाता है यह सेतु
ठहर जाता है यह क्रम
हम सुख-दुःख को भूल
रजनी के अंक में सो जाते हैं
स्वप्नलोक में खो जाते हैं।

१६

है ज्ञात मुझे, अज्ञात नहीं

है कितनी तड़प, तेरे मन में,
तुम कहते मुझको ज्ञात नहीं।
प्रियवर तन की, मन की हलचल,
कुछ भी मुझको, अज्ञात नहीं॥ १॥

क्षण-क्षण, पल-पल की बेचैनी,
उर में धड़कन, तन में थिरकन।
कब चले, कहाँ अब आ पहुँचे,
कैसे गुजरे पल, कब हो मिलन॥ २॥

सावन के भीगे-भीगे पल,
मेघों का नभ पर छा जाना।
रिमझिम फुहार, ठंडी बयार,
कोयल का कूक सुना जाना॥ ३॥

सारे उपक्रम विपरीत लगें,
उर में जब तड़प, कसक मन में।
पल-पल युग-युग सा हो प्रतीत,
सब ज्ञात मुझे, अज्ञात नहीं॥ ४॥

१७

अज्ञात तुम्हें, है ज्ञात नहीं

तुम कहते हो, सारी हलचल,
प्रतिबिंबित है तेरे मन में।
तुम कहते हो, प्रति निशि प्रियवर,
है चाँद उतरता आँगन में॥ १ ॥

है ज्ञात तुम्हें मन की पीड़ा,
अज्ञात नहीं उर की धड़कन।
कितनी वेदना प्रतीक्षा में,
है ज्ञात तुम्हें तन-मन की छुवन॥ २ ॥

क्या कहें तुम्हें क्या समझाएँ,
कितनी वेदना, कसक कितनी।
राधा के मन की सघन तड़प,
मीरा की पीड़ा थी कितनी॥ ३॥

तन की थिरकन, उत्साही मन,
सागर में ज्वार समान प्रिये।
लहरें जब लौटें क्या घटता,
तुम इससे अति अनजान प्रिये॥ ४॥

कब धरा छोड़, पग उठते हैं,
कब पाँव उठाना पर्वत सम।
आगमन-गमन का यह अंतर
प्रियवर किंचित् भी ज्ञात नहीं॥ ५॥

निशि-दिन का झंझावाती क्रम,
यह गगन-धरा का-सा अंतर।
कितनी वेदना, कसक लाता,
अज्ञात तुम्हें, है ज्ञात नहीं॥ ६॥

१८

चाहते हैं प्यार-दुलार

मानस-पटल पर
उभरते असंख्य चित्र
परिचित, अपरिचित
अनेक दृश्य, विविध रंग
अंतस में उठता ज्वार
डूबते-उतराते
सहस्रों विचार।

इतना ऊहापोह
अनेक विकल्प
संशय, संदेह
ज्ञात–अज्ञात
भय का संसार।

अनेक प्रश्न, प्रति–प्रश्न
उनके उत्तर, प्रत्युत्तर
बनते हैं, बिगड़ते हैं
उठते हैं, गिरते हैं
निश्चय के, विनिश्चय के
अनेक कल्प, विकल्प
साँझ–प्रातः बार–बार॥

जिन्हें हम बढ़ाते हैं
वही हमें पढ़ाते हैं
जीवन के रूप–रंग
व्यवस्था के रंग–ढंग,
हम इस जाल में
उलझ–उलझ,

निहितार्थ से बेखबर
खोजते हैं सुरक्षा-कवच
चाहते हैं प्यार-दुलार ॥

१९

जब भी मैं निज संग होता हूँ

जब भी मैं निज संग होता हूँ,
तुम मेरे पास आ जाते हो।
अधरों पर मधु-मुसकान लिये,
तन पर, मन पर छा जाते हो॥ १॥

जग के बंधन से यदा-कदा,
जब मुक्ति मुझे मिल जाती है।
जब प्रकृति प्रेयसी लगती है,
कलियाँ नव गीत सुनाती हैं॥ २॥

मन के उपवन में बहुरंगी,
जब पुष्प प्रस्फुटित होते हैं।
अधरों पर चाहे-अनचाहे,
जब गीत बिखरने लगते हैं॥ ३॥

नभ में मेघों का गर्जन सुन,
जब मन में हूक-सी उठती है।
आँगन में अमलतास पर जब,
कोयल की कूक उभरती है॥ ४॥

जीवन के कँकरीले पथ पर,
जब हरसिंगार बिछ जाता है।
यौवन का सोलहवाँ बसंत,
स्मृति-पट पर छा जाता है॥ ५॥

मन भीगा-भीगा लगता है,
जब धरा छोड़ पग उठते हैं।
मन में तूफान उमड़ता है,
तन सहम-सहम सा जाता है॥ ६॥

उस समय न जाने कब सहसा,
तुम पास मेरे आ जाते हो।
अधरों पर मधु-मुसकान लिये,
तन पर, मन पर छा जाते हो॥ ७॥

२०

चाँद के संग, कल रात चलता रहा

चाँद के संग कल रात चलता रहा,
रात भर चाँदनी भी बरसती रही।
मन में दुःख-दर्द कितने समेटे हुए,
वेदना निस्सरण को तरसती रही॥ १॥

साँझ से ही मुझे चाँद ज्यों ही दिखा,
स्मृति-पट पर विविध चित्र उठने लगे।
स्नेह के, प्रीति के, वेदना-ग्रंथ के,
बस परत-दर-परत पृष्ठ खुलने लगे॥ २॥

मन में दुःख-दर्द के ज्वार उठने लगे,
वेदना गीत बन-बन उमड़ने लगी।
चाँद-तारों को छूने की जो थी ललक,
बन कसक फिर उमड़ने-घुमड़ने लगी॥ ३॥

रात जब चाँद का संग मिल ही गया,
बात ही बात में बात बढ़ती गई।
युग-युगों से घनीभूत जो वेदना,
रात भर हो द्रवित गीत बनती गई॥ ४॥

२१

झंकृत कर तन-मन की वीणा

कितना अपार उत्साह व्याप्त,
कितना अनुराग हृदय में है।
पल-पल जीवन के पग-पग पर,
क्यों इतना स्नेह लुटाते हो॥ १॥

कितनी राहें चल, मोड़ पार
कर हम माया-नगरी आए।
जीवन के अगणित ऊँच-नीच,
कंटकमय पथ तय कर आए॥ २॥

अब तक कोई सहपथिक नहीं,
कुछ दूर साथ भी चल पाया।
अनजान कहाँ से, कब, कैसे,
तुम संग मेरे आ जाते हो॥ ३॥

दुःख-दर्द बाँटते हो मेरा,
निशिदिन यह प्रणय निभाते हो।
कंटकाकीर्ण जीवन-पथ पर,
तुम प्रतिदिन पुष्प बिछाते हो॥ ४॥

कैसे प्रतिदान करूँ प्रियवर,
अति निश्छल स्नेह लुटाते हो।
झंकृत कर तन-मन की वीणा,
नित बादल राग सुनाते हो॥ ५॥

२२

असमय, अकारण, त्रस्त

आकाश में महाशून्य
असंख्य ब्रह्मांड
कोटिशः ग्रह–नक्षत्र
रवि–शशि के सहस्रों
ज्ञात–अज्ञात उपक्रम।

मेघों का सर्जन
पल–पल, परिवेश–परिवर्तन
प्रकृति–दुलहन का साज–शृंगार

सावन-भादों की, निशि-दिन
रिमझिम फुहार।

तरु-तरु का आह्लाद
लताओं, पुष्प कलियों की
उद्दाम-झूम-नर्तन
विहग-वृंद की चह-चह
उत्सव-अभियान।

मेघों का सिमट जाना
बारिश की फुहार
धरती सराबोर कर जाना
मयूरों के नर्तन
कोयल की कूक
ऐसी मनभावन ऋतु में
तन-मन का भीग जाना।

खगकुल की चहक
मानव मन की बहक
सारा परिवेश
कितना सरस, मादक

जीवन-ही-जीवन
प्रकृति के रग-रग में
उमंग-ही-उमंग
उत्सव-प्रवाह-सम्मोहन।

पर हम अपनी
उधेड़-बुन में व्यस्त
स्वनिर्मित विषाद से पस्त
जीवन के ताने-बाने पर
असंख्य तार उलझाए
असमय, अकारण, त्रस्त।

ज्ञात-अज्ञात के भय
सहेजे-सँजोए
परत-दर-परत
अपनी उलझन विषाद
सगे-संबंधियों में
संगी-साथियों में
परिचित-अपरिचित में
बाँटते जा रहे हैं।

निशि-दिन बोए जा रहे हैं
चिंता, विषाद, भय
अविश्वास के बीज,
परिणामतः कालांतर में
संत्रास की लहलहाती फसल
काटते जा रहे हैं,
अत्र-तत्र-सर्वत्र
विषाद बाँटते जा रहे हैं॥

२३

आज तुम्हारा अभिनंदन है

आज तुम्हारा स्वागत इस घर,
आज तुम्हारा अभिनंदन है।
स्वागत है स्वप्नों के घर में,
स्वागत है इस स्नेह-आँगन में॥ १ ॥

स्वागत में कचनार सुवासित,
स्वागत में रजनीगंधा है।
हरसिंगार की पुष्पांजलि है,
गुलमोहर भी नत-मस्तक है॥ २ ॥

हिमगिरि के आँगन का पादप,
कोटि-कोटि आशीष सँजोए।
कल्पवृक्ष-रुद्राक्ष तुम्हारा,
करता स्वागत अभिनंदन है॥ ३॥

इस घर के कण-कण में गुंजित,
स्नेह, प्यार स्वप्नों की गाथा।
यह घर नहीं ईंट-पत्थर का,
यह स्वप्नों की नींव का घर है॥ ४॥

इस घर की ईंटें आशा की,
नींव यहाँ स्वप्नों से निर्मित।
दीवारें हैं निष्ठा, तप की,
स्वाति यह स्वप्नों का घर है॥ ५॥

कण-कण में आह्लाद समेटे,
प्रतिपल, प्रतिक्षण, उत्साह तरंगित।
स्नेह सरलता से अभिसिंचित,
शारदा का यह नंदन वन है॥ ६॥

स्वागत है स्वप्नों के घर में,
स्वागत है इस घर–आँगन में।
आशा की किरनों का स्वागत,
आज तुम्हारा अभिनंदन है॥ ७॥

२४

नव प्रसून आगमन तुम्हारा

स्वागत है शिशु आज तुम्हारा,
स्वागत है इस नंदन-वन में।
नव प्रसून आगमन तुम्हारा,
नव ऊर्जा भरता तन-मन में॥ १॥

कितने पुण्यों के प्रसाद तुम,
कितने आशीषों के प्रतिफल।
कितना स्नेह-प्रेम परिलक्षित,
जन-जन तुम्हें ढूँढ़ता प्रतिपल॥ २॥

कितने जन्मों का यह बंधन,
स्वाति के तन-मन में छाए।
पुलकित कण-कण, उन्मन क्षण-क्षण,
जब से तुम इस कुल में आए॥ ३॥

२५

कितने स्वप्न तुम्हें अर्पित हैं

स्वागत है इस जग में प्रियवर,
स्वागत में हम सब तत्पर हैं।
नन्हे शिशु अभिषेक तुम्हारा,
कितने स्वप्न तुम्हें अर्पित हैं॥ १॥

धूप-दीप-नैवेद्य लिये कर,
महाशक्ति के वंदन का बल।
उसकी ही प्रशस्ति का गायन,
एक मात्र उसका ही संबल॥ २॥

अमर रहो, हो कीर्ति अजय,
कल्पना उदय के नंदनवन में।
शारदा, दिव्य, कावेरी, स्वाति,
हम सब प्रमुदित अभिनंदन में॥ ३ ॥

२६

अगली यात्रा का अथ है यह

प्रियवर क्यों इतने व्यथित आज,
तुम शक्तिपुंज प्रेरणा स्रोत।
तन-मन में तड़ितामय ऊर्जा,
प्रतिपल साहस से ओत-प्रोत॥ १॥

अधरों की मधु मुसकान कहाँ,
नयनों की भाषा, श्रांत-क्लांत।
कोटिश: स्वप्न की संगिनि क्यों,
इतनी निराश, इतनी हताश॥ २॥

अगली यात्रा का अथ है यह,
प्रतिपल, प्रतिक्षण चलना होगा।
कंटकमय पथ, दुर्गम राहें,
निशि-वासर संग रहना होगा॥ ३॥

तज अस्त-व्यस्त जीवन-शैली,
अब उठो दूर तक चलना है।
संभव है जग हो मध्य किंतु,
प्रियवर संग-संग ही रहना है॥ ४॥

२७

मंगलमय हो पंथ तुम्हारा

मंगलमय हो पंथ तुम्हारा,
साध्य तुम्हारे मंगलमय हों।
साधन सब शिवमय हों तुम्हारे,
राह तुम्हारी मंगलमय हो॥ १॥

जगती के कण-कण से फूटे,
स्नेह-प्यार-गौरव की गाथा।
मन-वाणी-कर्मों के प्रतिफल,
दिव्य नियति नित उन्नत माथा॥ २॥

क्रिया-प्रक्रिया हो मंगलमय,
कर्मों के अथ मंगलमय हों।
हो प्रबुद्ध संयत, जाग्रत् मन,
कर्मों की इति मंगलमय हो॥ ३॥

२८

क्या कहती हैं जल की बूँदें

क्या कहती हैं, जल की बूँदें,
कैसा संगीत सुनाती हैं?
जब सागर के अंतस्तल से,
उठ नभ विचरण कर आती हैं॥ १॥

रवि-रश्मि पवन के झोंके पा,
तज जन्मभूमि की परिपाटी।
अनजान प्यार से जलनिधि के,
उड़ती रहती, घाटी-घाटी॥ २॥

कितने तरु, पुष्प-लताओं को,
वन-उपवन, सरिता, निर्झर को।
नभचर, थलचर, सबके मन को,
कृषकों के तन-मन, जीवन को॥ ३॥

एक नई किरन आशा की दे,
दें नव-संदेश प्रणयी मन को।
मेघों की विचरण-संस्कृति तज,
क्यों निज अस्तित्व मिटाती हैं॥ ४॥

क्या कहती हैं, जल की बूँदें,
अप्रतिम संगीत सुनाती हैं।
तन-मन-जीवन, आवेशित कर,
अद्भुत उत्साह जगाती हैं॥ ५॥

२९

तुम नया गीत रचना, नए पृष्ठ पर

हम किसी दिन, शरद प्रात की वायु सम,
है सुनिश्चित, यहाँ से चले जाएँगे।
पूर्ण कर भूमिका, विश्व के मंच पर,
साथ अपने सभी स्वप्न ले जाएँगे॥ १॥

अर्थ बातों के जब भी बदलने लगें,
स्मृति-पट पर, धुँधलका भी छाने लगे।
कुछ नए स्वप्न गढ़ने का उत्साह हो।
कुछ नए गीत मन को लुभाने लगें॥ २॥

तुम नया गीत रचना नए पृष्ठ पर,
गूँज-अनुगूँज सदियों तक आती रहे।
पथ प्रदर्शित करे वक्त का, दौर का,
ध्वनि, प्रतिध्वनि हृदय को लुभाती रहे॥ ३॥

ऐसे नवगीत, नवराग, रच न सका,
बस यही वेदना है, कसक बस यही।
जाने मन क्यों कहे, स्वप्न सौंपें तुम्हें,
चेतना कह रही, ऐसा करना नहीं॥ ४॥

पूर्ण संज्ञान है कि नियति-भित्ति को,
जिंदगी की लहर, भेद सकती नहीं।
औ' जो सपने पले, रात-दिन संग मेरे,
चिह्न उनके अमिट मेट सकती नहीं॥ ५॥

३०

एक गीत नया दे जाते हो

हर पल संग मेरे रहते हो,
तन-मन-जीवन स्पंदित कर।
जीवन-वीणा के तारों में,
नवराग-गीत तुम भरते हो॥ १॥

नभ में जब मेघ सिमट जाते,
घनघोर घटा, नभ में छाती।
सागर लहरों का चुंबन कर,
उद्दाम वायु अति गति पाती॥ २॥

जब मोर नृत्य करने लगते,
विहगों के युग्म निकट आते।
'पी कहाँ' पपीहे की रट से,
जन-मन उद्वेलित हो जाते॥ ३॥

रवि की किरनें यह दृश्य निरख,
धरती पर स्वर्ग उतरता लख।
मन में स्तंभित, चकित तुरत,
पर्जन्य ओट ले छिप जातीं॥ ४॥

झर-झर, झर-झर, नभ से जब भी,
वर्षा की झड़ियाँ, लग जातीं।
पट-पट-पट-पट की ध्वनि मन में,
अद्भुत तूफान जगा जातीं॥ ५॥

नभ में जब भी विद्युत् कौंधे,
तन-मन आवेशित हो जाता।
तुम कौन, कहाँ से, कब आकर,
एक गीत नया दे जाते हो॥ ६॥

उर की वीणा के तारों को,
झंकृत कर स्वर में स्वर अपना।
अनुनादित कर स्वर लहरी को,
गुंजायमान कर जाते हो॥ ७॥

३१

जिन्हें तुम वस्तुतः प्यार करते हो

प्रियवर का नाम
अपने नाम के संग
अपना प्यार-दुलार
उत्साह-उमंग
जन्म-जन्मांतर के वादे
जीना-मरना संग-संग
अंकित न करना कभी
सागर तट पर
सिकता पट पर।

लहरें गांभीर्य से अनजान
प्रणय-तरंगों से अज्ञान
अपनी धुन में गतिमान
अदम्य उत्साह से भरपूर
बहा ले जाएँगी तट से दूर
मान्यताओं के भँवर में
मर्यादा की गहराइयों में
मिट जाएगा विश्वास
प्रणय-अमरत्व की आस।

गगन में भी स्नेहांकन
स्थायी नहीं होगा
अंततः घन-घटाएँ
वायु के संग झूम
धरती को चूम
नेपथ्य के धूल कण में
कर देंगी अर्पण,
निष्फल हो जाएगा
यह स्नेहिल प्रयास।

सागर तट पर
सिकता पट पर
गगन के वक्ष पर
भवनों-भित्तियों के अंकन
रेत पर भवन
लहरों पर प्रासाद—
निर्माण जैसे हैं,
ये समस्त उपक्रम।

लिखने का उत्साह अपार
लिखना निज-स्नेह-दुलार
राग-अनुराग, प्रीति-प्यार
उन सबके हृदय में
चेतन-अवचेतन में
जिनका पल-पल, निशि-दिन
सारे उपक्रम, सभी प्रयास
तुम्हारे जीवन को गतिमय-
संगीतमय बनाने में रत हैं।

जीवन में असंख्य जन
अपना तन-मन जीवन
प्रतिपल, प्रति प्रहर
तुम्हारे हेतु कर निछावर
जीवन-पथ प्रशस्त कर
सुख-दुःख, हार-जीत में
सहर्ष सहभागी हैं,
जिन्हें तुम वस्तुतः प्यार करते हो
जो तुम्हें वस्तुतः प्यार करते हैं।

३२

जो नहीं, वही पाना है

रुदन और हास्य
संयोग और वियोग
दीर्घ नहीं क्षणिक हैं
सतत नहीं, सीमित हैं।

जीवन एक स्वप्न से
दूसरे स्वप्न तक
एक भटकी यात्रा है
भूले पथिक की गाथा है॥

पुष्प भरे राजपथ
कंटकमय जीवनपथ

उल्लसित सुरभित प्रात
नक्षत्रों भरी रात
प्रियतमा का हास
रजनीगंधा की सुवास
किशोरावस्था के मीत
प्रथम प्रणय गीत॥

शिशु की प्रथम मुसकान
आषाढ़ की प्रथम फुहार
फागुन की वासंती बहार
समस्त अनुभूतियों का
मानस पटल पर प्रतिपल
फूलता-फलता बाजार
कामनाओं की उष्णता
प्रीति का गहराता अहसास॥

सारा उपक्रम, समग्र आयाम
नितांत क्षणिक हैं
स्थायी नहीं, सतत नहीं
जीवन उचटी हुई नींद है
एक स्वप्न से जग
दूसरे स्वप्न में उलझ जाना है
जो है उससे नितांत बेखबर
जो नहीं, वही पाना है॥

३३

बस धैर्य मात्र पतवार प्रिये

यह कसक, रोष, यह विचलन क्यों,
मन में क्यों उठता ज्वार प्रिये।
संयत तन-मन कर, चिंतन कर,
क्यों विस्मृत प्यार-दुलार प्रिये॥ १ ॥

सच है दोनों के मध्य आज,
शत-शत मीलों की दूरी है।
पर ठहर, सोच, मन-चेतन हित,
क्या यह अभेद्य दीवार प्रिये॥ २ ॥

यह प्रणय प्रीति का कंटक-पथ,
विगलन, उन्मूलन, निजता का।
चेतन-अवचेतन के पथ पर,
बस, धैर्य मात्र पतवार प्रिये॥ ३॥

३४

इन गीतों को हम गाएँगे

जब नभ में इंद्रधनुष दिखता
जब अद्‌भुत दृश्य लुभाते हैं।
जब पुष्प गमकते उपवन में
जब गीत नए रच जाते हैं॥ १॥

जब विस्तृत नभ का नीलापन
तन पर, मन पर छा जाता है।
जब सघन घटाएँ सावन की
कण-कण गीला कर जाती हैं॥ २॥

जब भी अनुपम दृश्यावलियाँ
मन-अंतरमन छू जाती हैं।
सागर की चंचल लहरें जब
तन-मन भीगा कर जाती हैं॥ ३॥

जब किसी गीत की धुन मेरे
अधरों से मुखरित होती है।
जब मधुर कंठ से उपवन में
कोयल की कूक उभरती है॥ ४॥

मन कहता ऐसे क्षण में यदि
तुम संग-संग मेरे होते।
ऐसा होता, वैसा होता, जाने
पल-पल, क्या-क्या होता॥ ५॥

इन दृश्यों को, रचनाओं को
मन के भावों-अनुभावों को।
चेतन-अवचेतन में सहेज
जीवन-यात्रा चलती रहती॥ ६॥

बस एक स्वप्न, बस एक ललक
इन गीतों को हम गाएँगे।
जब भी हम संग-संग होंगे
सारे पल हम दुहराएँगे॥ ७॥

३५

हम वही, देव मंदिर भी वही

जब पूजा-गृह में जाता हूँ
तन-मन विचलित हो जाता है।
जीवन का स्नेहिल स्वर्णिम पल
स्मृति-पट पर छा जाता है॥ १॥

प्रिय क्यूटू का उत्साहित मन
ऊर्जा स्फूर्ति तरंगित तन।
उँगली से जिद से हाव-भाव से
मंदिर पट इंगित करना॥ २॥

आशा, आकांक्षा, आदर से
मुख निरख, विहँस, आग्रह करना।
मंदिर में पहुँच, बैठ आसन
कर-युग्म जोड़ वंदन करना॥ ३॥

कौतूहल श्रद्धा ऊर्जा से
गंध-सुगंध पुष्प अर्पण।
तन-मन उद्वेलित स्मृति से
विचलित है मन प्रतिपल प्रतिक्षण॥ ४॥

वेदों उपनिषदों गीता के
संदेश व्यर्थ सब लगते हैं।
ममता का वेग प्रबल इतना
नयनों से आँसू झरते हैं॥ ५॥

तेरे जाने के बाद वत्स
घर-आँगन-मंदिर सूना है।
हम वही, देव मंदिर भी वही
पर रिक्त-रिक्त हर कोना है॥ ६॥

३६

प्रतिदिन प्रतिपल प्रणय दिवस हो

तरुवर, लतिकाओं, उपवन में
चहुँदिश, परिलक्षित, विविध रंग।
कलियाँ चटकीं, वन-उपवन में
कण-कण में वासन्ती-उमंग॥ १॥

हरसिंगार ने पुष्पार्पित कर
धरती पुष्पित कर डाली।
तरुवर-तरुवर कू-कू करती
निशि-दिन कोयल भोली-भाली॥ २॥

हरसिंगार कचनार सुवासित
मंजरियाँ वृक्षों पर सुरभित।
कणकण स्नेह प्यार से प्लावित
चहुँदिशि आज प्रणय अनुनादित॥ ३ ॥

कैसी धूम मची धरती पर
आज बताते प्रणय-दिवस है।
जी करता एक गीत रचूँ अब
क्या-क्या लिख दूँ, असमंजस है॥ ४ ॥

ऐसा गीत जिसे सुन जन-मन
प्रीति-प्यार से उन्मादित हो।
रजनी स्नेह-प्रणय परिपूरित
प्रतिदिन प्रतिपल प्रणय दिवस हो॥ ५ ॥